NATACHA ARNOULT
FOTOS VON VALÉRY GUÉDÈS

SUPER EINFACH
KOCHEN MIT 2 - 6 ZUTATEN

TAPAS

Librero

Inhalt

Pikant geröstete Nüsse

 In 5 Minuten vorbereitet

 10 Minuten Kochzeit

 Für 4 Personen

Chilipulver mit Cayenne
½ Teelöffel

Knoblauch
4 Zehen

getrocknete Mandeln
110 g

Pekannüsse
125 g

Kürbiskerne
110 g

Fleur de Sel
½ Teelöffel

○ Den Ofen auf 130 °C vorheizen. Die Knoblauchzehen schälen. 1 Esslöffel Olivenöl in einer Pfanne erhitzen und die Knoblauchzehen 2-3 Minuten darin anschwitzen, ohne dass sie Farbe annehmen. Mandeln, Pekannüsse und Kürbiskerne hinzugeben, mischen. Salz und Chilipulver in gewünschter Menge hinzugeben.

○ Die Mischung auf ein mit Back-papier ausgelegtes Backblech geben und 10 Minuten im Ofen rösten, dabei von Zeit zu Zeit durchmischen. Warm oder in Zimmertemperatur servieren.

Knuspermandeln

 In 10 Minuten vorbereitet

 15 Minuten Kochzeit

 Für 4 Personen

trockene Mandeln
300 g

Olivenöl
1 Esslöffel

○ Den Ofen auf 180 °C vorheizen. Die Mandeln in Olivenöl, Salz und Chilipulver wälzen. Die Mandeln auf ein mit Backpapier ausgelegtes Backblech legen und 10 Minuten im Ofen rösten, dabei von Zeit zu Zeit durchmischen. Abkühlen lassen.

Fleur de Sel
½ Teelöffel

Rohrzucker
3 Esslöffel

○ Eine Pfanne leicht-mittelstark erhitzen, die Mandeln hineingeben und mit Rohrzucker bestreuen. 2-3 Minuten karamellisieren lassen. Auf ein Stück Backpapier legen und die Mandeln trennen. Abkühlen lassen.

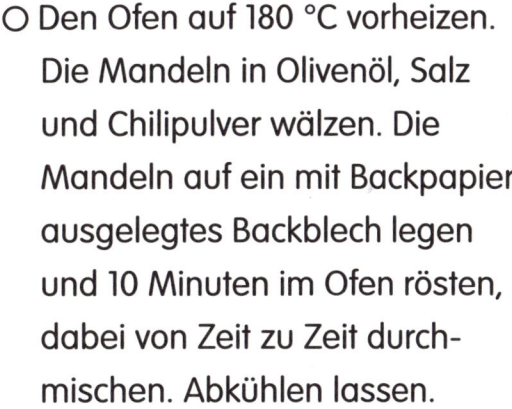

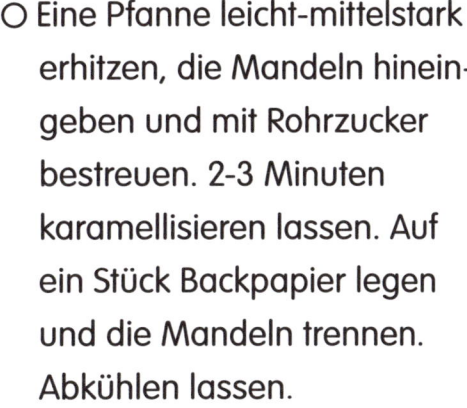

Piment d'Espelette
1 Prise

Pistazienpopcorn

 In 10 Minuten vorbereitet

 5 Minuten Kochzeit

 Für 4 Personen

Popcorn
250 g

gesalzene Pistazien
80 g

Zucker
120 g

gesalzene Butter
50 g

○ Die Pistazien hacken und mit dem Popcorn vermischen.

○ Den Zucker ohne Öl in einer beschichteten Pfanne karamellisieren lassen. Sobald er eine goldene Farbe annimmt, die Pfanne vom Herd nehmen und Butter hinzufügen. Über das Popcorn verteilen und mischen, damit alle Körner umhüllt sind. Abkühlen lassen.

Essiggemüse

rohes Gemüse
250 g

Weißweinessig
15 cl

Zucker
2 Esslöffel

Gewürz
½ Teelöffel

 In 15 Minuten vorbereitet

 3 Minuten Kochzeit

 Für 4 Personen

○ Gemüse Ihrer Wahl waschen und trocknen: Radieschen, Karotten, Sellerie usw. in kleine Würfel schneiden. Zusammen mit den Gewürzen in ein Weckglas geben.

○ Essig und Zucker in einem Topf zum Sieden bringen und sofort über das Gemüse gießen.

○ Das Weckglas luftdicht verschließen und 12 Stunden auf den Kopf stellen. Am nächsten Tag probieren.

Olivenschnecken

Blätterteig
2 Rollen

schwarze Olivenpaste
½ Glas

 In 20 Minuten vorbereitet

 12 Minuten Backzeit

 Für 4 Personen

O Die Olivenpaste auf eines der Blätterteigblätter streichen. Mit dem anderen Blätterteigblatt bedecken.

O Eine Rolle aus dem Teig formen. Für 30-45 Minuten in den Kühlschrank legen.

O Die Rolle in Scheiben schneiden und wieder in den Kühlschrank stellen. Den Ofen auf 180 °C vorheizen und die Schnecken 12-15 Minuten in den Ofen geben. Lauwarm oder kalt servieren.

Blätterteig

Parmesanstangen

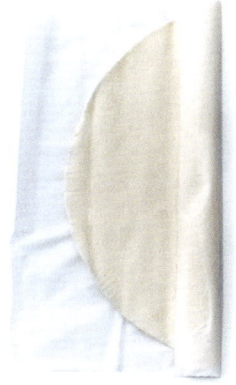

Blätterteig
1 Rolle

Ei
× 1 Eigelb

Parmesan
1 Stück

 In 15 Minuten vorbereitet

 10 Minuten Backzeit

 Für 4 Personen

○ Etwa 2 Esslöffel Parmesan reiben.

○ Den Blätterteig in Streifen schneiden und auf ein mit Backpapier ausgelegtes Backblech legen. Das Eigelb mit einem Pinsel darauf verteilen. Mit dem geriebenen Parmesan bestreuen.

○ Die Streifen zu Stangen drehen. Für 15 Minuten in den Kühlschrank legen.

○ Den Ofen auf 180 °C heizen und die Stangen 10 Minuten backen.

Pistazienblätterteig

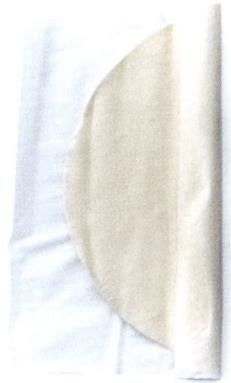

Blätterteig
1 Rolle

Ei
× 1 Eigelb

grüne Pistazien
2 Esslöffel

 In 20 Minuten vorbereitet

 20 Minuten Backzeit

 Für 4 Personen

○ Die Pistazien fein hacken. Den Blätterteig in Streifen schneiden und auf ein mit Backpapier belegtes Backblech legen. Das Eigelb mit einem Pinsel darauf verstreichen. Mit den Pistazien bestreuen.

○ Die Streifen zu Stangen formen. Für 15 Minuten in den Kühlschrank legen.

○ Den Ofen auf 180 °C heizen und die Stangen 10 Minuten backen.

Pestoblätter

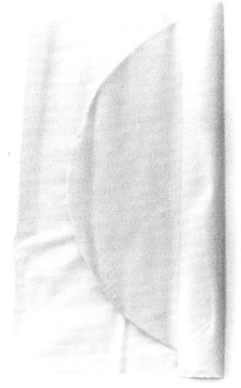

Blätterteig
2 Rollen

Pesto
2 Esslöffel

 In 10 Minuten vorbereitet

 12 Minuten Backzeit

 Für 4 Personen

O Den Teig auf der Arbeitsplatte ausrollen. Pesto auf eine Teigplatte streichen, die zweite Teigplatte darauflegen und leicht mit einem Nudelholz andrücken.

O Den Teig in Streifen schneiden und auf ein mit Backpapier ausgelegtes Backblech legen, dabei ausreichend Platz zwischen den Teigstreifen lassen. Für 15 Minuten in den Kühlschrank legen.

O Den Ofen auf 180 °C heizen und die Blätter 12 Minuten backen.

Sonnen-Tarte

Blätterteig
2 Rollen

Pesto oder Olivenpaste
160 g

Ei
×1

 In 20 Minuten vorbereitet

 35 Minuten Backzeit

 Für 4 Personen

○ Pesto auf eine Blätterteigplatte streichen. Mit der zweiten Platte abdecken und die Platten zusammendrücken. Mit dem geschlagenen Ei bestreichen.

○ Mit einem Glas leicht einen Kreis in die Mitte des Teigs drücken. 24 Streifen um den durch das Glas geformten Kreis schneiden, dabei von der Mitte nach außen vorgehen. Stangen formen.

○ Für 10 Minuten in den Kühlschrank legen.

○ Den Ofen auf 180 °C heizen und die Stangen ca. 35 Minuten backen.

Würstchen im Schlafrock

Blätterteig
1 Rolle

Wiener Würstchen
× 4

Ei
× 1

 In 20 Minuten vorbereitet

 10 Minuten Backzeit

 Für 4 Personen

○ Den Blätterteig in 4 ausreichend große Streifen schneiden, um die Würstchen einrollen zu können. Mit dem geschlagenen Ei bestreichen. Die Würstchen auf die Teigstreifen legen und einrollen, dann die Teigränder andrücken.

○ In dicke Scheiben schneiden und 10 Minuten in den Kühlschrank legen.

○ Den Ofen auf 180 °C heizen und die Blätter 10 - 12 Minuten backen.

Mini-Tartes Tatin mit Kirschtomaten

Kirschtomaten
250 g

Schalotte
× 1

 In 20 Minuten vorbereitet

 20 Minuten Kochzeit

 Für 4 Personen

Balsamico-Essig
2 Esslöffel

Olivenöl
2 Esslöffel

○ Die Zwiebel hacken. Für 3-4 Minuten in Olivenöl anschwitzen. Kirschtomaten und Thymian hinzugeben und 3 Minuten ziehen lassen. Mit dem Balsamico-Essig ablöschen. Salzen und pfeffern.

○ Die Kirschtomaten in die Mulden eines Muffin-Blechs oder in keine Kuchenformen verteilen.

○ Den Ofen auf 180 °C aufheizen. Den Teig in runde Scheiben schneiden und auf die Kirschtomaten legen, dabei den Teil an den Rändern leicht einbiegen. Lauwarm servieren.

Blätterteig
1 Rolle

Thymian
2 Zweige

Blätterteig

Zwiebeltörtchen mit Blauschimmelkäse

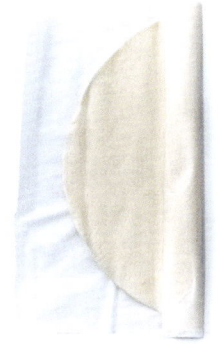

Blätterteig
1 Rolle

Zwiebelconfit
4 Esslöffel

Blauschimmelkäse
150 g

Thymian
2 Zweige

 In 20 Minuten vorbereitet

 12 Minuten Backzeit

 Für 4 Personen

○ Den Ofen auf 180 °C vorheizen. Runde Scheiben aus dem Teig schneiden und in kleine Kuchenformen oder die Mulden eines Muffinblechs geben.

○ Mit Zwiebelconfit garnieren und 10-12 Minuten backen. Mit Blauschimmelkäse garnieren und servieren.

Mini-Törtchen mit Ziegenkäse und Zwiebeln

 In 30 Minuten vorbereitet

 30 Minuten Kochzeit

 Für 4 Personen

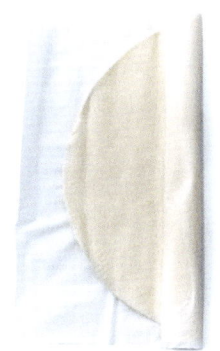

Blätterteig
1 Rolle

Ziegenfrischkäse
100 g

Olivenöl
1 Esslöffel

Honig
1 Esslöffel

Zwiebeln
× 2

frischer Thymian
3 Zweige

○ Die Zwiebeln schälen. Dann 5 Minuten in Öl anschwitzen, ohne dass sie Farbe annehmen. Den Honig und 1 Zweig Thymian hinzugeben und 10-15 Minuten erst eindicken, danach abkühlen lassen. Den Thymian herausnehmen.

○ Den Ofen auf 180 °C vorheizen. Runde Scheiben aus dem Teig schneiden und in kleine Kuchenformen oder ein Muffinblech geben. Mit Zwiebelconfit und ein bisschen Ziegenfrischkäse garnieren. Den restlichen Thymian über die Törtchen geben.

○ Für ca. 12 Minuten in den Ofen geben.

Brot mit Tomaten und Sardellen

 In 10 Minuten fertig

 Ohne Kochen

 Für 4 Personen

Brot
8 Scheiben

Tomaten
× 2

frische eingelegte
Sardellen
× 16

Olivenöl
4 Esslöffel

Zwiebel
× 1

○ Tomaten waschen und trocknen. Die Stiele entfernen. Tomaten in Stücke schneiden. Die Zwiebel schälen und in feine Scheiben schneiden. Das Brot anrösten.

○ Die Tomaten, die abgetropften Sardellen und die Zwiebeln auf das Brot geben. Einen Schuss Olivenöl darübergießen, leicht salzen und pfeffern.

Brot mit Räucherlachs

Brot
8 Scheiben

Räucherlachs
8 Scheiben

  In 10 Minuten fertig

  Ohne Kochen

  Für 4 Personen

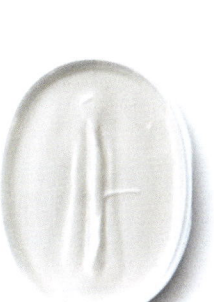

Rahmkäse
120 g

Dill
2 Zweige

○ Die Rote Bete in kleine Würfel schneiden. Brotscheiben anrösten.

○ Mit Rahmkäse bestreichen und mit einer Scheibe Räucherlachs und Rote-Bete-Würfeln garnieren. Einen Schuss Olivenöl darübergießen, mit etwas Dill garnieren, sehr leicht salzen und pfeffern.

gekochte Rote Bete

Olivenöl
1 Schuss

Brot mit Fourme d'Ambert

 In 10 Minuten fertig

 Ohne Kochen

 Für 4 Personen

Brot
8 Scheiben

Birnen
1 oder 2 (je nach Größe)

O Das Brot anrösten. Die Birnen (gegebenenfalls) schälen und in feine Scheiben schneiden.

O Auf jede Scheibe Brot Birnenscheiben und ein Stück Fourme d'Ambert legen, einen Schuss Nussöl darübergießen und pfeffern.

Fourme d'Ambert
100 g

Nussöl
2 Esslöffel

O Ein paar Spinatblätter darauf verteilen.

Brot mit Ziegenkäse und Pesto

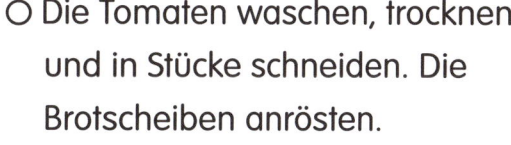 **In 10 Minuten fertig**

Ohne Kochen

Für 4 Personen

Brot
8 Scheiben

Tomaten in mehreren Farben 4 kleine

○ Die Tomaten waschen, trocknen und in Stücke schneiden. Die Brotscheiben anrösten.

Pesto
2 Esslöffel

Olivenöl
1 Schuss

○ Die Brotscheiben mit Pesto bestreichen, mit Tomaten und Ziegenfrischkäse garnieren.

○ Einen Schuss Olivenöl darübergießen, salzen und pfeffern.

Ziegenfrischkäse
120 g

Brot mit Pfiff

 In 10 Minuten fertig

 Ohne Kochen

 Für 4 Personen

Toastbrot
8 Scheiben

Entenleber
½ Block

○ Die Birne schälen und in kleine Würfel schneiden. Das Toastbrot anrösten.

Feigen-Chutney
3 Esslöffel

Fleur de Sel
1 Prise

○ Das Brot mit etwas Feigen-Chutney bestreichen, mit den Birnenwürfeln und einem Stück Entenleber garnieren. Mit Fleur de Sel bestreuen und pfeffern.

○ Empfehlung: Geben Sie etwas Zitronensaft über die Birnen, um zu verhindern, dass sie braun werden.

Birne
×1

Belegtes Brot mit Krabben

Vollkornbrot
4 Scheiben

Salatherzen
× 2

 In 15 Minuten fertig

 Ohne Kochen

 Für 4 Personen

○ Die Krabben schälen. Den Salat waschen und trocken-schleudern.

gekochte Garnelen
250 g

Mayonnaise
1 Esslöffel

○ Die Brotscheiben halbieren, mit Krabben und Mayonnaise garnieren und mit etwas Dill dekorieren.

Dill
2 Zweige

Belegtes Brot mit Bündnerfleisch

Schwarzbrot
4 Scheiben

weiche Butter
40 g

 In 10 Minuten fertig

 Ohne Kochen

 Für 4 Personen

Dörrfleisch
8 Scheiben

Karotte
× 1

○ Die Karotte schälen, mit einem Sparschäler Streifen schneiden und diese für ein paar Minuten in kaltes Wasser geben, damit sie ihren Biss behalten. Die Cornichons in Scheiben schneiden.

Cornichons
× 3

eingelegte Zwiebeln
× 16

○ Die Brotscheiben halbieren, mit Butter bestreichen und mit einer Scheibe Dörrfleisch, den Karottenstreifen, den Cornichon-Scheiben und den kleinen Zwiebeln garnieren. Mit geschnittenem Schnittlauch garnieren.

Brot mit Tomaten und Knoblauch

 In 10 Minuten fertig

 Ohne Kochen

 Für 4 Personen

Bauernbrot
8 Scheiben

Knoblauch
2 Zehen

○ Die Knoblauchzehen schälen und halbieren. Tomaten waschen, trocknen und in Stücke schneiden.

Tomaten
× 2 oder 3

Olivenöl
4 Esslöffel

○ Die Brotscheiben anrösten und mit dem Knoblauch abreiben. Einen Schuss Olivenöl darübergießen und mit Tomaten garnieren. Mit Fleur de Sel bestreuen und pfeffern. Noch einen Schuss Olivenöl hinzugeben.

Brot mit Tomaten und Pesto

 In 10 Minuten fertig

 Ohne Kochen

 Für 4 Personen

Bauernbrot
8 Scheiben

Pesto
4 Esslöffel

eingelegte Tomaten
300 g

Basilikum
ein paar Blätter

O Die Brotscheiben anrösten.

O Mit Pesto und eingelegten
Tomaten garnieren. Mit ein paar
Blättern Basilikum dekorieren.

Mini-Clubsandwiches mit Gurke

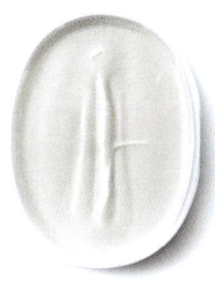

 In 15 Minuten fertig

 Ohne Kochen

 Für 4 Personen

Toastbrot
8 Scheiben

Rahmkäse
100 g

○ Den Schnittlauch waschen, trocknen und fein hacken. Die Gurke waschen, trocknen und in dünne Scheiben schneiden. Die Krusten der Toastscheiben entfernen.

Gurke
× ½

Schnittlauch
1 Bund

○ 4 Scheiben Toast mit Rahmkäse bestreichen. Die Scheiben mit Gurke belegen und dann mit den restlichen Toastscheiben bedecken. Diagonal vierteln.

○ Einen Rand mit Mayonnaise bestreichen und in die fein geschnittenen Kräuter drücken. Dies bei den anderen Sandwiches wiederholen.

Mayonnaise
2 Esslöffel

Brot mit Krebsfleisch und Gurke

 In 12 Minuten fertig

 Ohne Kochen

 Für 4 Personen

Toastbrot
8 Scheiben

Gurke
× 1

○ Die Gurke waschen, trocknen und dann in dünne Scheiben schneiden. Die Kruste vom Toastbrot entfernen.

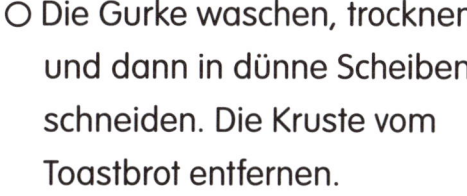

Rahmkäse
100 g

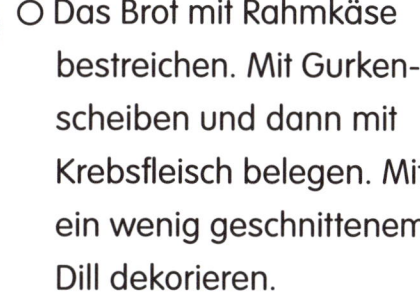

Krebsfleisch
1 Dose

○ Das Brot mit Rahmkäse bestreichen. Mit Gurkenscheiben und dann mit Krebsfleisch belegen. Mit ein wenig geschnittenem Dill dekorieren.

Dill
ein paar Zweige

Mini-Kruste mit Pastete

 In 15 Minuten vorbereitet

 5 Minuten Kochzeit

 Für 4 Personen

Toastbrot
8 Scheiben

Zwiebelconfit
1 kleines Glas

Landpastete
1 großes Stück

Butter
30 g

O Die Kruste vom Toastbrot entfernen.

O 4 Scheiben Toastbrot mit Landpastete bestreichen und mit eingelegten Zwiebeln belegen. Mit den restlichen Scheiben bedecken.

O Die Butter in einem großen Topf heiß machen und darin die Sandwiches 3 Minuten von jeder Seite anbräunen. Vierteln.

Igelbrot

 In 10 Minuten vorbereitet

 12 Minuten Backzeit

 Für 4 Personen

Bauernbrot
× 1 Laib

rotes Pesto
4 Esslöffel

Olivenöl
1 Schuss

Thymian
3 Zweige

○ Den Ofen auf 180 °C vorheizen. Das Brot einschneiden, sodass ein Karomuster entsteht, ohne es vollständig durch-zuschneiden.

○ Die Zwischenräume mit rotem Pesto bestreichen und den Thymian darüberstreuen. Einen Schuss Olivenöl darübergießen und 10-12 Minuten backen.

Brot mit Poutargue

Baguette
16 dünne Scheiben

Poutargue
200 g

 In 10 Minuten fertig

 Ohne Kochen

 Für 4 Personen

○ Die Poutargue aus ihrer
Wachshülle nehmen und die
Haut entfernen. Mit einem
Sparschneider in feine Streifen
schneiden.

Olivenöl
4 Esslöffel

Butter
30 g

○ Die Brotscheiben auf dem
Toaster oder unter dem Ofengrill
anrösten. Mit Butter bestreichen
oder einen Schuss Olivenöl
darübergießen.

○ Die Poutargue auf den ange-
rösteten Brotscheiben verteilen.

Brot mit Pesto und Schinken

Baguette
× 1

Pesto
1 kleines Glas

 In 10 Minuten vorbereitet

 10 Minuten Backzeit

 Für 4 Personen

Parmaschinken
8 dünne Scheiben

○ Den Ofen auf 180 °C vorheizen.

○ Das Baguette schräg einschneiden, ohne es ganz
durchzuschneiden. Die
Zwischenräume mit Pesto
und ein wenig Schinken
füllen.

○ In Backpapier einwickeln
und 10 Minuten in den Ofen
geben.

Crostini mit Ricotta und Weintrauben

 In 10 Minuten vorbereitet

 5 Minuten Kochzeit

 Für 4 Personen

Bauernbrot
8 Scheiben

Ricotta
120 g

Weintrauben
100 g

Pinienkerne
40 g

Olivenöl
2 Esslöffel

Rosmarin
10 kleine Zweige

O Die Rosmarinzweige fein hacken. Die Trauben halbieren. Die Pinienkerne in einer beschichteten Pfanne 5 Minuten goldgelb anrösten und dabei häufig wenden.

O Die Brotscheiben anrösten und mit Ricotta bestreichen. Mit den Trauben und den Pinienkernen garnieren, mit dem gehackten Rosmarin und Fleur de Sel bestreuen und einen Schuss Olivenöl darübergeben. Pfeffern.

Crostini mit Champignons und Burrata

 In 15 Minuten vorbereitet

 8 Minuten Kochzeit

 Für 4 Personen

Bauernbrot
8 Scheiben

frische Champignons
300 g

Olivenöl
3 Esslöffel

Butter
20 g

Thymian
3 Zweige

Burrata

○ Die Stiele von den Champignons entfernen und mit einem Tuch abwischen. Halbieren oder vierteln. 1 Esslöffel Olivenöl und die Butter in einer Pfanne erhitzen. Die Champignons etwa 8 Minuten bei großer Hitze anbraten, bis das darin enthaltene Waser verdampft ist. Salzen und pfeffern. Ein wenig Thymian darüberstreuen.

○ Die Burrata in kleine Stücke schneiden. Die Brotscheiben anrösten und mit den Champignons und der Burrata garnieren. Das restliche Olivenöl darübergießen und mit Thymian bestreuen. Pfeffern.

Hummus

 In 20 Minuten fertig

 Ohne Kochen

 Für 4 Personen

Kichererbsen
1 Dose mit 240 g

Knoblauch
2 Zehen

○ Die Kichererbsen abgießen, spülen und die Haut abziehen. Die Knoblauchzehen schälen. Die halbe Zitrone pressen.

Tahin
2 Esslöffel

Olivenöl
6-8 Esslöffel

○ Kichererbsen, Knoblauch, Tahin, Olivenöl und Zitronensaft mischen. Salzen und pfeffern.

○ Kurz vor dem Servieren einen Schuss Olivenöl dazugeben.

Zitrone
× 1/2

Hummus mit dicken Bohnen

 In 15 Minuten vorbereitet

 3 Minuten Kochzeit

 Für 4 Personen

tiefgefrorene, dicke
Bohnen, enthülst
300 g

Knoblauch
2 Zehen

○ Die Knoblauchzehen schälen
und halbieren. Die halbe Zitrone
pressen.

○ Die dicken Bohnen 3 Minuten in
Salzwasser kochen. Abgießen
und unter kaltem Wasser
abschrecken.

○ Bohnen mit Knoblauch, Olivenöl,
Zitronensaft und Koriander
mischen. Salzen und pfeffern.
Frisch servieren.

Olivenöl
6-8 Esslöffel

Zitrone
× ½

Koriander
ein paar Zweige

Feta-Creme

Feta
300 g

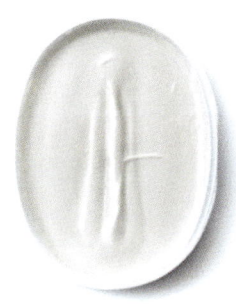

Rahmkäse
100 g

Crème Fraîche
2 Esslöffel

Olivenöl
4 Esslöffel

Zitrone
× 1/2

 In 20 Minuten fertig

 Ohne Kochen

 Für 4 Personen

○ Die halbe Zitrone pressen. Den Feta in eine Schüssel geben und mit kaltem Wasser bedecken.

○ 30 Minuten einweichen lassen, um das Salz herauszuziehen. Abgießen und dann zerkrümeln.

○ Feta, Käse und Crème Fraîche, 4 Esslöffel Olivenöl und 1 Esslöffel Zitronensaft vermischen.

○ 1 Stunde in den Kühlschrank stellen. Mit geröstetem Brot servieren.

Thunfisch mit Crème Fraîche

 In 15 Minuten vorbereitet

 Ohne Kochen

 Für 4 Personen

Thunfisch in Olivenöl
1 Dose

Crème Fraîche
2 Esslöffel

Frühlingszwiebeln
× 2

feine Kräuter
½ Bund

Zitrone
× 1/2

○ Zesten von der Zitrone schaben, dann die Zitrone pressen. Die Frühlingszwiebeln in dünne Scheiben schneiden. Die feinen Kräuter kleinschneiden. Den Thunfisch abgießen.

○ Thunfisch, Crème Fraîche, Frühlingszwiebeln, Kräuter, Zitronenzesten und -saft mit der Gabel vermengen.

○ Leicht salzen und pfeffern. Bis zum Servieren in den Kühlschrank stellen.

Tarama

 In 15 Minuten fertig

 Ohne Kochen

 Für 4 Personen

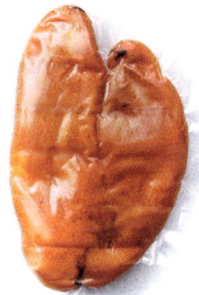

geräucherte
Kabeljaueier
150 g

Toastbrot
30 g

Zitrone
× ½

Milch
3 Esslöffel

Rapsöl
15 cl

○ Das Brot in der Milch einweichen.

○ Die dünne Schicht von den
Kabeljaueiern abziehen. Mit der
Gabel und dem abgetropften
Brot leicht zerdrücken. Etwas
Zitronensaft hinzugeben. Das
Öl langsam hinzugeben und
mit einem elektrischen Rührer
unterrühren. Es soll eine
mayonnaiseartige Konsistenz
entstehen.

○ Den restlichen Zitronensaft
hinzugeben. Mit geröstetem
Brot, russisch eingelegten
Gurken und etwas Dill servieren.

Dip mit Paprika und Zwiebeln

Rahmkäse
250 g

Paprikapulver
1 Esslöffel

 In 10 Minuten fertig

 Ohne Kochen

 Für 4 Personen

○ Die Frühlingszwiebeln in feine Scheiben schneiden.

○ Den Käse mit dem Paprikapulver mischen und die Frühlings-zwiebeln hinzugeben. 1 Stunde kühlstellen.

Frühlingszwiebeln
× 2

Zaziki mit Granatapfel

 In 30 Minuten vorbereitet

 5 Minuten Kochzeit

 Für 4 Personen

Granatapfel
× ½

griechischer Joghurt
40 cl

Frühlingszwiebeln
× 2

Koriander
4 Zweige

Kümmel
½ Teelöffel

Chilipulver
1 Prise

○ Den getrockneten Kümmel ein paar Minuten in einer beschichteten Pfanne ohne Öl rösten. Den Koriander hacken, die Frühlingszwiebeln in dünne Scheiben schneiden.

○ Den Granatapfel auf der Arbeitsfläche rollen und dabei leicht mit der Handfläche andrücken. Halbieren und die Kerne entnehmen.

○ Joghurt, Granatapfelkerne (nicht alle), Koriander und Frühlingszwiebeln vermengen. Großzügig salzen und pfeffern, Kümmel und Chilipulver hinzugeben. Einen Esslöffel Olivenöl darübergießen. Kühlstellen.

Auberginen-Kaviar

 In 20 Minuten vorbereitet

 45 Minuten Kochzeit

 Für 4 Personen

Auberginen
× 4

Knoblauch
2 Zehen

Olivenöl
8 cl

Kümmelpulver
½ Teelöffel

Zitrone
× ½

Chilipulver
1 Prise

○ Knoblauch schälen und halbieren. Die Zitrone pressen.

○ Den Grill im Ofen aufheizen. Die Haut der Auberginen für 30-45 Minuten anbräunen, dabei regelmäßig drehen. Abkühlen lassen und dann das Fleisch mit einem Löffel herausschälen.

○ Gegebenenfalls abgießen und mit Kümmel, Olivenöl, Zitronensaft und Knoblauch mischen. Salzen und pfeffern.

○ Bis zum Servieren in den Kühlschrank stellen, dann mit einer Prise Chilipulver bestreuen.

Rillettes mit zweierlei Lachs

Lachsfilet
200 g

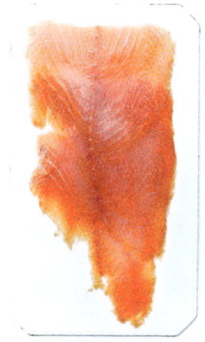

Räucherlachs
150 g

In 20 Minuten vorbereitet

10 Minuten Garzeit

Für 4 Personen

weiche Butter
50 g

Dill
2 Zweige

○ Die Haut vom Lachs abziehen. 10 Minuten dampfgaren. Abkühlen lassen und dann zerkrümeln.

○ Den Räucherlachs und den Dill fein schneiden, die Frühlingszwiebeln hacken.

○ Alles mischen, leicht salzen und pfeffern.

Frühlingszwiebel
× 1

Rillettes mit Sardinen

 In 10 Minuten fertig

 Ohne Kochen

 Für 4 Personen

Ölsardinen
1 Dose

Rahmkäse
100 g

Frühlingszwiebeln
× 1

○ Die Frühlingszwiebeln hacken. Die Mittelgräten der Sardinen entfernen. Das Fleisch entnehmen.

○ Sardinen, Käse und Frühlingszwiebeln mischen. Leicht salzen und pfeffern. Bis zum Servieren im Kühlschrank aufbewahren.

Rillettes mit Makrelen

geräucherte Makrelen
× 2 Filets

Butter
40 g

Zitrone
× 1

glatte Petersilie
5 Zweige

 In 10 Minuten fertig

 Ohne Kochen

 Für 4 Personen

○ Die Petersilie fein schneiden. Die Zitrone pressen.

○ Die Haut von den beiden gepfefferten Räuchermakrelenfilets abziehen und das Fleisch entnehmen. 30 g Butter und einen Schuss Zitronensaft hinzugeben.

○ Mischen und in ein Weckglas geben. Geschnittene Petersilie darüber streuen.

Guacamole

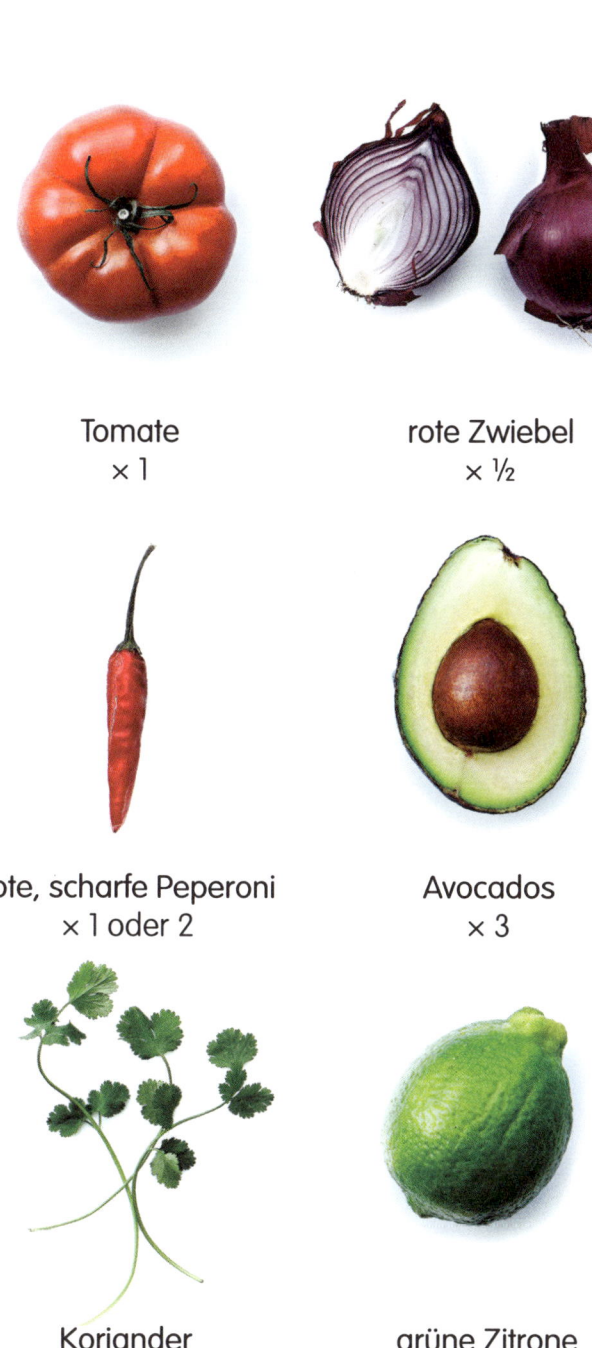

In 15 Minuten fertig

Ohne Kochen

Für 4 Personen

Tomate
× 1

rote Zwiebel
× ½

rote, scharfe Peperoni
× 1 oder 2

Avocados
× 3

Koriander
6 Zweige

grüne Zitrone
× 1

○ Die Tomate kleinschneiden und die Kerne entfernen. Das Fleisch in kleine Würfel schneiden. Die Zwiebel in dünne Scheiben schneiden. Die Peperoni halbieren, die Kerne entfernen und fein hacken. Die Avocados halbieren, den Kern entfernen und das Fleisch herausnehmen. Den Koriander fein hacken. Die grüne Zitrone pressen.

○ Die Tomate, die Zwiebel und die Peperoni mit etwas Salz in einer Schüssel zerstampfen. Das Avocadofleisch und den Koriander sowie den Saft der grünen Zitrone hinzufügen. Probieren und abschmecken.

Olivenpaste mit Feigen und Minze

schwarze Oliven
250 g

getrocknete Feigen
× 4

Sardellen
× 3

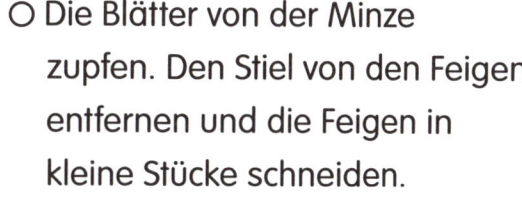

Olivenöl
6 cl

Minze
4 Zweige

 In 10 Minuten fertig

 Ohne Kochen

 Für 4 Personen

O Die Blätter von der Minze zupfen. Den Stiel von den Feigen entfernen und die Feigen in kleine Stücke schneiden.

O Alle Zutaten mischen.

O In eine Schale geben, abdecken und zum Servieren im Kühlschrank aufbewahren.

Mousse aus Geflügelleber

 In 15 Minuten vorbereitet

 10 Minuten Kochzeit

 Für 4 Personen

Geflügelleber
250 g

weiche Butter
125 g

○ Die Leber von Sehnen befreien.
Die Zwiebel schälen und hacken.
Den Knoblauch schälen, hal-
bieren und hacken.

Knoblauch
1 Zehe

Zwiebel
× 1

○ Die Geflügelleber in einem
Esslöffel Olivenöl mit der
Zwiebel und dem Knoblauch
10 Minuten anbraten. Die Leber
muss rosafarben bleiben.
Salzen und pfeffern. Das
Chilipulver hinzugeben.

Portwein
1 Esslöffel

Chilipulver
1 Prise

○ Abkühlen lassen und mit der
Butter und dem Portwein
vermengen. In eine Schüssel
geben, abdecken und für
3 Stunden in den Kühl-
schrank stellen.

Käsewindbeutel

 In 20 Minuten vorbereitet

 20 Minuten Backzeit

 Für 30 Windbeutel

Mehl
140 g

geriebener Comté-Käse
150 g

Milch
15 cl

Eier
× 4

Butter
110 g

○ Den Ofen auf 180 °C vorheizen. 12,5 cl Wasser, Milch, Butter und Salz in einem Topf zum Sieden bringen. Vom Ofen nehmen, das gesamte Mehl hinzugeben und den Teig trockenrühren (er muss sich von den Wänden lösen). In eine Schale geben und abkühlen lassen. Die Eier unter weiterem Rühren hinzugeben. Den geriebenen Käse beimengen und pfeffern.

○ Mit einem Löffel kleine Teigmengen abstechen. Mit einem Pinsel mit Milch bestreichen. 18-20 Minuten backen.

Samosas mit Ziegenkäse und Honig

 **In 20 Minuten vorbereitet**

 **10 Minuten Backzeit**

 Für 4 Personen

Brick-Teigblätter
× 12

Ziegenfrischkäse
200 g

Honig
4 Esslöffel

weiche Butter
40 g

frischer Thymian
12 Zweige

○ Den Ofen auf 210 °C vorheizen. Den Ziegenfrischkäse mit der Hälfte des Honigs vermischen. Salzen und pfeffern. Den Brick-teig leicht mit Butter bestreichen, einen Stiel Thymian in die Mitte legen und 2 Ränder in die Mitte klappen, um einen Streifen zu formen. Einen Klecks Käse mit Honig an einem Ende anbringen und dann zu einem Dreieck falten. Die überschüssige Füllung in die Samosa streichen.

○ Die Samosas auf ein mit Back-papier ausgelegtes Blech legen und 8 Minuten backen. Den Honig über die Samosas gießen, wenn sie aus dem Ofen kommen.

Krevetten mit Poutargue

rohe Krevetten
× 12 große

gelbe Zitrone
× ½

Poutargue
30 g

Butter
20 g

 In 10 Minuten vorbereitet

 5 Minuten Garzeit

 Für 4 Personen

○ Die Krevetten schälen. Zesten von der Zitrone schaben und dann pressen.

○ Die Butter in einer Pfanne schmelzen lassen und die Krevetten für 3 Minuten hinzugeben. Leicht salzen und pfeffern.

○ Wieder zurücklegen und noch einmal 1-2 Minuten garen. Darauf achten, dass sie nicht zu lange gegart werden.

○ Auf eine Servierplatte legen, etwas Poutargue darüberraspeln und Zitronenzesten sowie einen Schuss Zitronensaft hinzugeben.

Gefüllte Champignons

 In 15 Minuten vorbereitet

 10 Minuten Garzeit

 Für 4 Personen

frische Champignons
× 12 große

Knoblauch
2 Zehen

Olivenöl
6 Esslöffel

Feta
200 g

roher Schinken
4 dünne Scheiben

Thymian
4 Zweige

○ Feta 1 Stunde in Wasser einlegen, um das Salz herauszuziehen. Abtropfen lassen und zerkrümeln. Den Ofen auf 180 °C vorheizen. Den Knoblauch pressen. Die Schinkenscheiben in 2 oder 3 Teile schneiden. Die Petersilie hacken. Die Champignons mit einem sauberen Tuch reinigen und die Stiele abschneiden.

○ Die Champignons auf ein Back- blech legen und das Olivenöl darübergießen. Knoblauch hinzufügen. Leicht salzen und pfeffern. 5 Minuten in den Ofen geben und dann mit Feta, Schin- ken und Thymian garnieren. Noch einmal 5 Minuten garen lassen.

Rosmarinbrötchen

 In 10 Minuten vorbereitet

 10 Minuten Kochzeit

 Für 4 Personen

Pizzateig
1 Laib

Mehl
1 Esslöffel

Rosmarin
1 Zweig

Olivenöl
2 Esslöffel

Fleur de Sel
1 Prise

O Den Pizzateig in 4 Teile teilen und auf der bemehlten Arbeitsfläche ausrollen.

O Eine Pfanne (möglichst eine Grillpfanne) heiß werden lassen und die flachen Brötchen auf jeder Seite ein paar Minuten anrösten.

O Olivenöl darübergießen, mit Rosmarin und Fleur de Sel bestreuen. Sofort servieren.

Mini-Pizzen

🔪 **In 15 Minuten vorbereitet**

🍲 **8 Minuten Backzeit**

☺ **Für 4 Personen**

Pizzateig
1 Laib

Kirschtomaten
250 g

Büffelmozzarella
1 Kugel

Olivenöl
4 Esslöffel

Basilikum
ein paar Blätter

○ Den Ofen auf 240 °C vorheizen. Den Teig in 8 Teile teilen. Auf der leicht bemehlten Arbeitsfläche ausrollen, dann mit den Händen bearbeiten und dabei den Teig immer wieder wenden. Auf ein mit Backpapier belegtes Backblech geben.

○ Die Kirschtomaten halbieren und den Mozzarella in kleine Stücke schneiden. Die Tomaten und den Mozzarella auf die Pizzen legen. Salzen und pfeffern. 6-8 Minuten backen lassen. Olivenöl darübergießen und mit ein paar Blättern Basilikum dekorieren.

Marinierter Mozzarella

 In 10 Minuten fertig

 Ohne Kochen

 Für 4 Personen

Mozzarellabällchen
250 g

Crème Fraîche
3 Esslöffel

○ Mozzarella und Crème Fraîche in einer flachen Schale vermengen. Feine Zesten von der halben Zitrone reißen und auf den Mozzarella geben. Zitronensaft hinzufügen.

Fleur de Sel
1 Prise

Zitrone
× ½

○ Olivenöl darübergießen, mit Fleur de Sel und Thymian bestreuen. Pfeffern.

Thymian
3 Zweige

Olivenöl
2 Esslöffel

Maki-Röllchen mit Räucherlachs

Rundkornreis
300 g

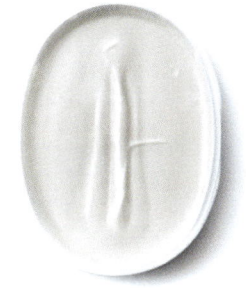

Rahmkäse
100 g

 In 30 Minuten vorbereitet

 15 Minuten Kochzeit

 Für 4 Personen

Reisessig
6 Esslöffel

Zucker
2 Esslöffel

Räucherlachs
8 Scheiben

○ Den Reis dreimal unter Wasser spülen, dann in eine Schüssel geben und 1 Stunde in Wasser einweichen. Den Reis abgießen, in einen Topf mit 50 cl Wasser geben. Zum Sieden bringen, die Hitze zurückdrehen, abdecken und 10 Minuten ziehen lassen.

○ Den Essig, 2 Teelöffel Salz und den Zucker vermischen. Über den Reis gießen und vermischen. Abkühlen lassen. Den Reis auf den Lachsstreifen verteilen. Etwas Käse daraufstreichen. In Folie einrollen und kühlstellen. Die Rollen aufschneiden und dann die Folie entfernen.

Ofen-Pommes

 In 15 Minuten vorbereitet

 30 Minuten Backzeit

 Für 4 Personen

Kartoffeln
600 g

Fleur de Sel
1 Teelöffel

Weinessig
3 Esslöffel

Olivenöl
4 Esslöffel

Zucker
1 Esslöffel

○ Den Ofen auf 210 °C vorheizen. Die Kartoffeln schälen und in längliche Streifen schneiden. Auf ein Backblech legen.

○ Den Essig und den Zucker in einem Topf zum Sieden bringen. 3 Minuten köcheln lassen. Öl und Zucker hinzufügen.

○ Über die Kartoffeln gießen und diese gut darin wälzen. Salzen und pfeffern. 25-30 Minuten backen.

Tortillas, Salsa und Feta

 In 10 Minuten vorbereitet

 5 Minuten Backzeit

 Für 4 Personen

Maistortillas
1 Paket

Feta
250 g

süße oder pikante Salsa
1 Glas

Koriander
10 Zweige

○ Den Ofen auf 180 °C vorheizen. Den Feta zerbröseln. Den Koriander hacken.

○ Die Salsa und den Feta auf den Tortillas verteilen. 5 Minuten im Ofen erhitzen.

○ Den gehackten Koriander darüberstreuen.

Toast-Pastete

Toastbrot
8-10 Scheiben

Kochschinken
4-6 Scheiben

gesalzene Butter
60 g

geriebener Gruyère
80-100 g

 In 20 Minuten vorbereitet

 25 Minuten Backzeit

 Für 4 Personen

O Die Kruste vom Toastbrot entfernen. Den Ofen auf 180 °C vorheizen. Die Toastscheiben in die Form eines Kastenkuchens schneiden. Die Backform großzügig mit Butter ausstreichen.

O Eine Schicht gebutterten Toast, eine Schicht Schinken und eine Schicht geriebenen Käse einfüllen. Dies wiederholen. Mit einer Schicht Toast und Butter abschließen.

O Gut festdrücken. 25 Minuten backen. Aus der Form nehmen und aufschneiden.

Pastete mit Oliven und Schinken

Mehl und Backpulver
250 g

grüne Oliven
200 g

Schinkenwürfel
200 g

geriebener Gruyère
150 g

Milch
10 cl

Eier
× 4

 In 10 Minuten vorbereitet

 45 Minuten Backzeit

 Für 4 Personen

○ Den Ofen auf 180 °C vorheizen. Eine Kuchenform mit Öl bepinseln. Das Mehl und das Backpulver vermischen, dann die Eier, die Milch und 10 cl neutrales Öl hinzugeben. Oliven, Schinken und geriebenen Käse hinzugeben. Den Teig nicht zu stark verrühren. Salzen und pfeffern.

○ In die mit Öl bestrichene Form gießen und ca. 45 Minuten backen. Mit einem Zahnstocher prüfen, ob die Masse durch-gebacken ist. Die Pastete abkühlen lassen, bevor sie aus der Form genommen wird.

Pastete mit Birne und Blauschimmelkäse

 In 10 Minuten vorbereitet

 45 Minuten Backzeit

 Für 4 Personen

Mehl
250 g

Backpulver
1 Beutel

Eier
× 4

Birne
× 1

Milch
10 cl

Blauschimmelkäse
150 g

O Den Ofen auf 180 °C vorheizen. Eine Backform mit Öl auspinseln. Die Birne schälen und in Stücke schneiden.

O Mehl und Backpulver vermischen. Milch, 10 cl Öl und die Eier hinzugeben. Vermischen, ohne den Teig zu sehr zu verrühren. Den Blauschimmelkäse und die Birne hinzugeben. Salzen und pfeffern.

O In die mit Öl ausgepinselte Form gießen und 45 Minuten backen. Mit einem Zahnstocher prüfen, ob die Masse durchgebacken ist. Die Pastete abkühlen lassen, bevor sie aus der Form genommen wird.

Gefüllter Camembert

 **In 10 Minuten fertig**

 Ohne Kochen

Für 4 Personen

Camembert
× 1 (mittelreif)

getrocknete Feigen
× 4

getrocknete Mandeln
× 16

grüne Pistazien
× 16

Nüsse
× 16

○ Den Stiel der Feigen entfernen und die Feigen in Streifen schneiden. Den Camembert quer halbieren.

○ Den unteren Teil mit Trockenfrüchten belegen. Die andere Hälfte des Camemberts wieder aufsetzen. Mit Frischhaltefolie abdecken und in den Kühlschrank stellen.

○ Vor dem Servieren bei Zimmertemperatur 30 Minuten ruhen lassen.

Panierte Ziegenkäsebällchen

 In 15 Minuten fertig

 Ohne Kochen

 Für 4 Personen

Ziegenfrischkäse
250 g

feine Kräuter
3 Esslöffel

○ Die feinen Kräuter hacken.

○ Aus dem Käse kleine Kugeln
formen.

○ Die Kugeln wahlweise in den
Kräutern, im Sesam, im Curry-
oder Paprikapulver wälzen.
Kühl aufbewahren.

gerösteter Sesam
3 Esslöffel

Currypulver
3 Esslöffel

Paprikapulver
3 Esslöffel

Frühling/Sommer-Platte

Käse
eine Auswahl

Strauchtomaten
500 g

Gelierzucker
375 g

Fenchelsamen
½ Teelöffel

 In 20 Minuten vorbereitet

 35 Minuten Kochzeit

 Für 4 Personen

○ Die Tomatenkonfitüre zubereiten: Die Tomaten 30 Sekunden abbrühen und in Viertel schneiden. Sie brauchen ungefähr 350 g Fruchtfleisch. Dieses in eine Auflaufform geben.

○ 3 Esslöffel Zucker und 1 Prise Salz über die Tomaten geben. Unter Rühren zum Sieden bringen, dann den restlichen Zucker und den Fenchelsamen hinzufügen. Etwa 30 Minuten weiterkochen lassen.

○ Abkühlen und mit der Käseauswahl servieren.

Herbst/Winter-Platte

 In 20 Minuten vorbereitet

 1 Stunde 20 Kochzeit

 Für 4 Personen

Käse
eine Auswahl

fruchtiger Rotwein
60 cl

frische Feigen
450 g

Birnen
× 2

○ Die Feigen waschen, trocknen und dann halbieren. Die Äpfel und Birnen schälen und sie dann in Würfel schneiden. Den Wein, die Früchte und den Zucker in einem Topf vermischen. 1 Lorbeerblatt und 1 Stange Zimt hinzugeben und bei mittlerer Hitze unter Rühren zum Sieden bringen.

○ Die Hitze zurückdrehen und 1 Stunde und 20 Minuten köcheln lassen. Die Konfitüre muss ausreichend fest sein.

○ Das Lorbeerblatt, den Zimt und die Schalen entfernen. Vor dem Servieren mit dem Käse auf Zimmertemperatur abkühlen lassen.

Äpfel
× 2

Zucker
250 g

Sangria

Rotwein
1 Flasche

Limonade
75 cl

 In 10 Minuten fertig

 Ohne Kochen

 Für 4 Personen

Granatapfel
½ (in Stücke geschnitten)

Orange
× 1

○ Die Früchte waschen und trocknen. Die Orange und die Zitrone in Viertel schneiden.

○ Den Wein und die Limonade über die Früchte gießen. Eiswürfel hinzugeben. Probieren und gegebenenfalls mit Zucker abschmecken.

Zitrone
× 1

Sangria mit Prosecco

Prosecco
1 Flasche

Orange
× 1

 In 10 Minuten fertig

 Ohne Kochen

 Für 4 Personen

Zitrone
× 1

Apfel
× 1

○ Die Früchte waschen und trocknen, dann in feine Scheiben schneiden. In einen Krug oder eine Schüssel geben.

○ Den Grand Marnier und den Prosecco hinzugeben. Etwa 1 Stunde im Kühlschrank ruhen lassen und beim Servieren die Limonade hineingießen.

○ Eiswürfel hinzufügen. Mit Minzblättern dekorieren.

Grand Marnier
30 cl

Limonade
25 cl

Gin Tonic

 In 10 Minuten fertig

 Ohne Kochen

 Für 4 Personen

Gurke
8-12 Scheiben

Gin
16 cl

Tonic
60 cl

○ Eiswürfel in 4 Gläser geben.

○ 4 cl Gin in jedes Glas gießen
und mit 20 cl Tonic auffüllen.

○ 2-3 Scheiben Gurke hinzufügen.

Flambierter Punsch

leichter Rotwein
1 l

Weinbrand
35 cl

 In 15 Minuten zubereitet

 1 Minute Kochzeit

 Für 4 Personen

Rohrzucker
90 g

Orange
× 1

○ Die Orange und die Zitrone waschen, trocknen und in Scheiben schneiden.

○ Den Rotwein in einem Topf mit den Zimtstangen und dem Zucker zum Sieden bringen, die Orange und die Zitrone hinzufügen. In eine Schüssel oder eine hitzebeständige Glaskaraffe gießen.

○ Den Weinbrand in einem Topf erhitzen, anzünden und über den Punsch gießen. Sofort in Gläsern servieren, damit der Punsch beim Servieren noch brennt.

gelbe Zitrone
× 1

Zimt
2 Stangen

Punsch mit Champagner

Champagner
1 Flasche

Ananassaft
50 cl

Rum
30 cl

grüne Zitronen
× 2

Orange
× 1

Zucker
4 Esslöffel

 In 10 Minuten fertig

 Ohne Kochen

 Für 4 Personen

○ Die Orange und die Zitrone waschen, trocknen und in Scheiben oder Viertel schneiden.

○ Den Ananassaft, den Rum und den Zuckerrohrsirup über die Zitronen und die Orange gießen. 12 Stunden im Kühlschrank quellen lassen.

○ Beim Servieren den Champagner hinzugießen.

○ Empfehlung: Fügen Sie ein Stück frische Ananas hinzu.

Punsch mit Holunderlikör

 In 5 Minuten zubereitet

 Ohne Kochen

 Für 4 Personen

Holunderlikör
16 cl

Prosecco
24 cl

○ 4 Zesten von der Zitrone
schaben.

○ Eiswürfel in 4 Gläser geben.
4 cl Holunderlikör in jedes Glas
gießen, dann 6 cl Prosecco und
6 cl Limonade. Die Zesten
hinzufügen.

gelbe Zitrone
× 1

Limonade
24 cl

Spritz

 In 5 Minuten zubereitet

 Ohne Kochen

 Für 4 Personen

Orange
4 Scheiben

Apérol oder Campari
24 cl

○ Eiswürfel in ein Glas füllen.

○ Die Orange hinzufügen. 6 cl Campari und dann 9 cl Prosecco und die Limonade hinzugeben.

Limonade oder Soda
4 Schuss

Prosecco
36 cl

Americano

 In 5 Minuten zubereitet

 Ohne Kochen

 Für 4 Personen

Orange
× 1

Campari
16 cl

Wermut
16 cl

Zitrone
× 4

○ Die Orange in 8 Teile schneiden und dann noch einmal halbieren. 4 Zesten von der Zitrone schaben.

○ Eiswürfel, die Orangenstücke und die Zesten der Zitrone in 4 Gläser geben. 4 cl Campari, 4 cl Wermut und dann einen Schuss Limonade hinzufügen.

Limonade
4 cl

Was macht man womit?

Die Originalausgabe erschien 2016 unter dem Titel: *Apéro Super Facile*

© 2018 Librero IBP (für die deutschsprachige Ausgabe)
Postbus 72, 5330 AB Kerkdriel, Niederlande

© Hachette Livre (Marabout), 2016
Fotografie © Shutterstock
Ergänzende Fotografien: Rezept 54 Maistortillas / run4it; Rezept 61 frische Feigen /Maks Narodenko

Produktion der deutschsprachigen Ausgabe:
Tanja Timmerman vertaling & redactie
Übersetzung: Judith Muhr
Satz: Elixyz Desk Top Publishing

Printed in Slovenia

ISBN: 978-94-6359-004-4